고산 큰스님의
관세음보살 영험록

소원을 이루는 법

고산 큰스님의
관세음보살 영험록

소원을
이루는
법

담앤북스

목차

〈부록〉

서문序文

    세상 모든 사람들이 듣기만 하고 직접 실천하지 않기 때문에 뜻을 이루지 못하며 항상 망설이고만 있는 것이다. 그래서 필자는 스스로 직접 경험한 일과 여러 사람들에게 어떻게 하라고 해서 성취한 결과를 그대로 기록해서 많은 사람들로 하여금 원하는 바를 성취케 하고자 이 영험록을 쓴다.

    백문이 불여일견[百聞不如一見]이란 말처럼 백 번 천 번 듣고 실천하지 않는 것보다 한 번이라도 듣고 실천한다면 모두가 뜻을 이루어 행복을 누릴 수 있지 않을까 하는 생각에서 있는 그대로 써서 천하 사람들에게 알리고자 하노라.

2015년 음력 12월 9일

고산杲山

대비로 이롭게 제도하여 근기에 응해 감득하니
현인에 뛰어나고 성인에 초월하신 관자재시라
보고 듣고 따라서 기뻐하면 고통바다 벗어나고
한 생각 이름을 일컬어도 해탈을 얻는도다.

고산 대종사의 관음찬 제1송

13세
동자 스님 이야기
(고산 스님 어린 시절)

　13세의 동자승이 죽은 어머니를 만나 보고자 일구월심日久月深 하루도 쉬지 않고 관세음보살을 3년간 불렀더니 염불하는 삼매 중에 어머니를 만났다. 얼마나 반갑던지 어머니를 껴안고 한참 울다가 눈을 떠 보니 어머니는 간 데 없고 관세음보살을 안고 있는 것이 아닌가!

　너무나 황당해서 조실 스님의 방으로 뛰어가서 "큰스님! 어머니를 만나기는 했는데 울다가 보니 어머니는 간 데 없고 관세음보살을 붙잡고 울고 있었으니 어찌된 일입니까?" 하였다. 동산 스님께서는 "정성이 부족해서 그러니 더욱 정성 들여 염불하면 어머니를 만나서 이야기를 나눌 수 있을 것이

다.”라고 하셨다.

동자승은 더욱 열심히 기도해서 3일 만에 또 어머니를 만났으나 이번에도 대화는 못 나누었는데 더욱 간절하게 관세음보살을 부른 지 3일 만에 비몽사몽 삼매 중에 어머니를 만나서 원 없이 이야기를 나누고 헤어짐과 동시에 삼매에서 깨어났다.

그 뒤로 동자 스님은 일생 동안 관세음보살을 부르면서 수행하는데, 급한 일이 있을 때마다 3일 내지 7일간 기도를 하면 꼭 관세음보살이 나타나서 지시하는 바가 있어 오늘날까지 이행하여 살아오고 있다.

관세음보살의
지시에 따라

사찰 토지를
구하다

고산 스님이 유년 시절 범어사에서 별좌와 도감 소임을 살 때였다. 하루는 심인心印 원주 스님이 신문을 한 장 들고 헐레벌떡 뛰어와서 "도감 스님, 도감 스님, 큰일났습니다. 이승만 대통령이 담화문을 발표했는데 사찰 토지 전체를 소작인들에게 10년, 20년 상환제로 나누어 준다고 합니다. 우리 스님(지효 스님)이 주지를 맡고 있지만 우리 스님은 참선밖에 할 줄 모르니 이 일을 어떻게 하면 좋겠습니까?"라고 하였다.

고산 스님이 원주 스님에게 말했다.

"가만히 기다려 보세요. 오늘 저녁에 제가 관세음보살에게 기도해서 답을 얻어 올게요."

저녁예불이 끝나고 고산 스님은 밤새도록 기도를 했는데 새벽녘 비몽사몽간에 관세음보살이 나타나서 "소작인 모두를 고용인(절 머슴)으로 만들어라. 그러면 자작 농지가 되므로 하나도 빼앗기지 않을 것이다." 하시고는 사라졌다.

고산 스님은 기도를 끝내고 허겁지겁 원주실로 뛰어가서 "원주 스님, 걱정 마세요. 관세음보살의 지시를 받았습니다." 하고는 원주 스님에게 서기를 보는 일상—相 스님을 부르라고 했다. 원주 스님은 즉시 서기 스님을 불렀다.

고산 스님이 말했다.

"기도 중에 관세음보살이 말씀하시기를 사찰 소작인을 모두 고용인으로 만들면 자작 농지가 되기 때문에 전답을 하나도 빼앗기지 않는다고 했습니다."

이렇게 해서 '토지 고용 계약서'를 만들어 인쇄하고 계약 체결 일시를 정해서 공문을 발송했다. 계약 체결 당일에 원주 스님이나 고산 스님이나 서기 스님은 모두 30세 미만의 젊은 사람이요 소작인은 면장, 부면장, 국회의원 등 점잖은 이들이 기에 고산 스님은 생각했다.

'3년 전에 우리 스님의 상좌가 된 수산水山 거사가 있는데 계를 받을 때 내가 삭발도 해 주고 가사 장삼 입는 것과 바리때 펴는 법, 걸음 걷는 법 등을 가르쳐 주지 않았나. 그 재운 스님이 계 받은 즉시 동래포교당 포교사로 가 있다!'

고산 스님은 원주 스님과 상의해서 재운 스님을 찾아가 전후사를 말하고 도움 줄 것을 요청해서 쾌히 승낙을 받았다. 계약 체결 당일 모든 조항을 통과시킬 때 고산 스님은 재운 스님과 미리 약속한 것이 있었다.

"저는 젊으니 차 심부름하는 것처럼 들락날락하면서 꼭 통과해야 할 조항에 있어서는 주먹을 쥐어 보일 테니 어김없이 통과시키고, 소작인들이 이구동성으로 반대하고 나올 때는 제가 손을 펴 보일 테니 조금 부드럽게 그들의 뜻을 좇아 주도록 하세요."

이렇게 하여 무사히 토지 고용 계약을 체결해서 일간신문에 기제 발표했다. 이 발표가 나온 후 즉시 통도사에서 범어사로 찾아와서 그대로 카피해서 통과 발표하고 그 다음에는 해인사에서 찾아와서 역시 카피해 가서 통과 발표했다. 이런 덕분에 당시 부산·경남의 세 본사만 아무 지장 없이 전답을 보존하게 되었다.

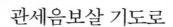

관세음보살 기도로

입적한
비구 시신을 찾다

금당선원 삼동 결제에 비구 20여 명이 안거 수선하게 되었다. 그 가운데 송광사 방장이신 보성 스님 상좌 항적이라는 수좌가 특히 열심히 정진하고 있었는데 한 달쯤 지나서 하루는 흔적없이 사라졌다.

선원, 강원 할 것 없이 사중 모든 대중이 3일 밤낮으로 삼신봉, 청학봉, 백학봉, 불일암, 반야봉, 노고단, 천왕봉 등 지리산 전체를 샅샅이 뒤져도 흔적이 없다기에 고산 스님은 대웅전으로 가서 관음기도를 하였다.

기도 중에 시신 있는 곳을 환하게 보여 줌으로써 고산 스님은 법당을 나와 대중을 데리고 국사암 가는 길로 올라가

고산 큰스님의 관세음보살 영험록

다가 성황당 있는 데서 아래로 50여 미터 내려갔다. 그쯤에 절벽 바위가 있는데 거기에서 내려다보니 아래에 시신이 보였다. 짐작하건대 그곳에 앉아 정진하던 중 졸다가 떨어져 온 몸을 다쳤는데 살려고 10여 미터를 기어서 나오다가 바위틈에 끼여 질식사한 것 같았다.

고산 스님은 문득 이런 생각이 들었다.

'평소에 관음기도를 해 가면서 정진했더라면 관세음보살이 살려 주었을 것인데 성불하고자 정진만 했기 때문에 불보살의 구원을 받지 못했구나!'

고산 스님은 나무아미타불을 부르고 간단하게 임종 염불을 하였다. 그리고 경찰서와 송광사 방장 스님에게 연락한 다음 시신을 청학루로 옮겨서 영단을 만들어 분향하고 염불 독경하게 하였다. 다음날 송광사에서 영구를 모셔 갔다.

사중의 모든 대중이 3일 밤낮으로 찾아도 찾지 못했는데 단 30분 동안의 관음기도로 시신 있는 곳을 알게 되었으니 모두 위급할 때는 관음기도를 해서 원 성취하시기 바랍니다.

관세음보살의
가피로

비구 영혼을
제도하다

 동안거 해제를 하고 봄이 되기 전이다. 고산 스님이 하루
는 저녁 공양 시간이 지나고 팔영루 앞을 지나다가 걸망을
메고 오는 객승을 만났다. 고산 스님이 "어디서 오십니까?"
하고 물으니 객승이 "잠깐 쉬었다 가겠습니다." 하였다. 고
산 스님은 시자에게 객실로 안내하고 쉬어 가게 하였다. 나
중에 시자에게 물으니 저녁 공양을 안 하겠다 해서 그대로 쉬
라 했다고 한다.

 삼경 후에 취침을 하였는데 새벽 2시쯤 밖이 소란했다. 사
람들이 "불이야! 불이야!" 하기에 시자를 깨워 물통에 물을

담아 비를 들고 청학루로 올라가니 청학루에 불이 난 것이 아니었다. 청학루 앞 편백나무에 전날 저녁에 온 객승이 자기 몸을 묶고 걸망에 지고 온 휘발유를 덮어쓰고 불을 지르니 화광이 등천하여 사내 대중이 청학루에 불이 난 줄 알고 소리를 지른 것이었다. 곱게 접은 가사 위에는 유서가 놓여 있었는데 유서의 내용은 다음과 같았다.

"몸에 중병이 있어 낫지 않고 고생스러워 깊은 산중에 들어가서 죽어 까막까치나 짐승들의 밥이 되고자 했으나 삼악도에 떨어져 더욱 고생할까 염려되어 큰스님 회상에 와서 죽으면 극락이라도 보내 줄까 해서 이렇게 가게 되었으니 부디 좋은 곳에 보내 주기 바랍니다."

다 타지 않고 반쯤 그은 얼굴과 몸뚱이는 참으로 보기 흉했다. 시체를 거두어 화장해 주고자 했으나 연고자가 나타날지 모른다면서 경찰에서 인수해 갔다.

고산 스님은 원주 스님을 불러 7·7 49재를 잘 지내 주라고 했다. 잔재를 한두 번 참례했으나 마침 49재 날에는 마이산 금당사 삼존불 점안식이 있어서 선방 입승 스님에게 법문을 부탁하고 금당사 법회에 갔다. 49재를 잘 지내 주었으니 좋은 곳에 갔으리라고 고산 스님은 생각했다.

일주일이 지난 뒤 부산에서 김일심화 보살이 팔상전에서 7일간 기도를 하겠다고 왔다. 보살이 기도를 시작하고 사흘째 되는 날, 저녁 기도를 마치고 잠을 자러 갔는데 큰 소동이 일어났다.

원주 스님이 허겁지겁 고산 스님에게 뛰어와서 "스님! 잠깐 저 기도하는 보살 방에 가 봐야겠습니다." 하기에 서둘러 일심화 보살 방으로 갔더니 보살이 "앗 뜨거워! 앗 뜨거워!" 소리소리 지르고 온 방을 기어 다니면서 발버둥치는 것이 아니가!

고산 스님은 그 광경을 보고 단번에 이유를 알 것 같아서 큰 소리로 말하였다.

"7·7 49재를 지내 주었으면 훌훌 떠나가야지 왜 보살에게 붙어서 죄 없는 보살을 고생시키느냐?"

그러자 보살의 입을 빌려서 하는 말이 "큰스님 회상에 오면 좋은 데 보내 줄 줄 알았는데 49재 날 스님은 다른 데 가고 나를 위해 법문을 해 주지 않으니 내가 어찌 떠나겠느냐 말이다."라는 것이었다.

고산 스님이 다시 말하기를 "그러면 새로 천도를 해 주면 떠나겠느냐?" 하니 "그리만 해 준다면 떠나겠습니다."라고 하였다.

고산 스님은 원주 스님에게 다시 장을 봐서 천도재 준비를 하게 한 다음 지극정성으로 염불하고 알아듣도록 법문을 하여 이고득락케 하였다. 그렇게 한 뒤에는 기도하러 온 보살도 멀쩡하게 기도 잘 마치고 갔다.

관세음보살을
하루에 만 번씩 부르고

서울대학교에
합격하다

혜원정사에 계시는 고산 스님에게 하루는 김자월성 보살이 찾아와서 "스님, 저의 손자가 영재로 공부를 잘하는데 이번에 서울대학교에 가고자 하는데 어떻게 하면 됩니까?" 하기에 "아이에게는 관세음보살몽수경을 아침저녁으로 세 편씩 읽으라 하고 보살은 하루에 관세음보살을 만 번씩 100일간 불러 보세요. 그리하면 틀림없이 합격할 겁니다."라고 했다. 보살은 "잘 알았습니다." 하고 돌아갔다.

100일이 지나 자월성 보살이 다시 찾아와서 "큰스님, 감사합니다. 큰스님, 감사합니다." 하면서 자꾸만 절을 하는 것이 아닌가. 고산 스님이 "왜 그러십니까?" 했더니 그 보살이 말했다.

"스님께서 시키는 대로 해서 제 손자가 서울대학교에 합격했습니다. 고맙습니다. 큰스님, 제 손자를 관세음보살님께서 합격시켜 주신 것 같습니다. 손자가 시험장에 들어가서 답안지에 이름 석 자를 쓰고 나니 누가 펜 잡은 손을 잡고 마음대로 움직이는데, 움직이는 대로 따라 답을 썼답니다. 잠깐만에 다 쓰고 오히려 쉬었다가 답안지를 제출했는데 나중에 보니 합격 명단에 올랐다는 겁니다. 그러니 관세음보살님께서 합격시켜 주신 것이 아닙니까? 부처님, 감사합니다. 큰스님, 감사합니다."

자월성 보살의 말을 들어 보건대 이것은 보살과 아이의 정성이 지극하여 관세음보살이 도와주심이 틀림없는 사실이다.

즉심이면 감천이란 말이 있습니다. 불심이 지극하면 부처님의 감응이 있는 것은 불변의 이치, 믿고 의지하면 성취 못할 일은 절대로 없음을 모두가 믿기를 바랍니다.

관세음보살을
열심히 부름으로

화재를 면하다

부산 동래시장에 불이 났을 때였다. 시장에서 포목점을 운영하는 이대성화 보살은 발을 동동 구르면서 한밤중에 동래 포교당 법당으로 달려가서 지극정성으로 관세음보살을 부르면서 기도를 드렸다. 평소에 고산 스님으로부터 "위급할 때 관세음보살을 부르면 모든 난을 면한다."는 법문을 들었기에 다른 점포 주인들이 활활 타는 점포를 쳐다보고 발을 구르다 못해 울면서 고래고래 소리를 지르는 동안에 대성화 보살은 법당에 가서 관세음보살을 불렀던 것이다.

소방차가 출동하여 어느 정도 불이 꺼졌을 때 동래시장 화재 현장은 집이고 물건이고 전소가 되었는데 대성화 보살 점포만 타지 않고 고스란히 남아 있었다. 이 무슨 불가사의한 일인가! 이 광경을 보고 소방대원들이나 다른 점포의 상인들이 경탄을 금치 못했다.

불이 다 꺼지고 날이 새자 대성화 보살은 기도를 끝내고 시장으로 갔다. 그런데 이것이 웬일인가! 시장 전체가 다 타고 없어졌는데 자기 점포만 고스란히 남아 있는 것이 아닌가! 문을 열고 안으로 들어가 보니 손상된 것 하나 없이 아무 일 없었다는 듯 모든 물건이 의연하게 있었다. 이 모습에 주인인 대성화 보살은 물론이고 소방대원과 시장 사람들이 이 무슨 도깨비 장난인가, 천지신명의 도움인가, 구구언설이 많았다.

이러한 일을 현실에서 보고도 관세음보살 위신력의 불가사의함을 깨치지 못하니 많은 이들의 미몽함을 탄식하지 아니할 수 없다. 시장의 상인들이 모두 불을 쳐다보며 발만 구르지 않고 대성화 보살처럼 일심으로 관세음보살을 불렀더라면 시장의 불은 저절로 꺼지고 모든 게 무사했을 것이 아니겠는가?

관음기도로

저주와 죽음을
면하다

1963년, 고산 스님은 경북 김천 청암사를 정화하여 대처
승을 쫓아내었다. 그러자 쫓겨난 대처승이 온갖 방법으로 법
원과 검찰청에 고소했을 뿐만 아니라 고산 스님 병들어 죽으
라고 조왕단 솥뚜껑을 뒤집어 놓고 검은 쇠똥을 주워다가 거
기에 검은콩을 드문드문 박아 놓는 한편 조왕단 벽에 창호지
를 한 장 붙여 거기에 사람 얼굴과 몸을 그리고 오고산이라
이름을 쓰고는 큰 돗바늘에 실을 꿰어 배꼽 위에 꽂아 놓고
밤낮 12시로 두 손을 비비며 말하기를 "우리를 쫓아낸 자 즉
시 문둥이가 되어서 즉사하게 해 주사이다. 천지신명님네, 조
왕님네, 신장님네, 제발 저의 원을 들어 주소서." 하고 매일같

이 부인을 시켜서 빌게 하였다.

이런 정보를 상세히 전달하는 사람도 있었으니, 고산 스님은 매일같이 관음기도를 열심히 함으로 해서 오히려 더 건강하게 되고 쫓겨난 대처승은 심장병이 생기고 얼마 안 되어 사망했다는 소식이 들려 왔다.

남을 저주하고 해칠 마음을 가지면 본인이 다 받게 된다는 부처님 말씀은 조금도 틀림이 없다. 청신남녀 많은 불자들이여, 너나없이 행복한 생활을 하려면 관세음보살을 의지하여 잠깐도 잊지 말아야 할 것이로다.

소아마비
불구자가

관음기도로
완쾌되다

부산 동래에 사는 송자광심 보살은 어릴 때부터 소아마비로 다리를 절뚝거렸는데 불심이 깊어 어머니를 따라 절에 다니면서 관음기도로써 생활하였다. 그러던 어느 날 어머니를 따라 범어사 강주이신 고산 스님을 만났는데 고산 스님은 하루 만 번씩 관세음보살을 열심히 부르면 다리가 바로 낫는다고 하였다.

그 말을 듣고 자광심 보살이 밤낮으로 잠자는 시간만 빼고 관세음보살을 부르니 하루에 3만 번도 더 부르게 되었다. 그러기를 3년. 하루는 꿈속에 관세음보살이 나타나서 "어디,

네 다리가 그리 불편하냐?" 하시면서 다리를 한 번 만져 주었는데 그 꿈을 깨고 나서 다리가 완쾌되었다.

그 후 보살은 시집가서 아들딸 낳고, 지금도 신심 깊은 불제자로 혜원정사 고산 스님 회상에서 행복한 생활을 하고 있다.

누구든지 관음기도 열심히 하여 모든 장애를 없애고 행복한 생활 누리시기 바랍니다.

관음기도를 해서

노총각이 장가들어
행복하게 살게 되다

경남 통영에 사는 김규식이라는 40대 노총각이 연화도 연화사에 계시는 고산 스님을 찾아와서 장가 좀 가게 해 달라고 부탁했다. 스님은 김규식에게 "아침에 일어나서 세수하고 정좌한 다음 백팔염주를 30바퀴 돌리면서 관세음보살을 부르고, 저녁에 잠자리에 들기 전에 30바퀴 돌리면서 관세음보살을 부르고, 낮에 일하면서도 입으로 계속 관세음보살을 부른다면 하루에 만 번 훨씬 넘게 관세음보살을 부르는 것일 테니, 이와 같이 1년, 2년, 3년만 부른다면 성취 못할 일은 하나도 없을 것이니 한번 해 보세요."라고 했다.

청년은 "알았습니다." 하고 물러가서 그 후로 매일같이 관세음보살을 불렀는데 2년 만에 좋은 여성을 만나 장가들어 아들딸 낳고 행복한 생활을 누리고 있다. 착실한 불자가 되었음은 물론이다.

사람의 힘으로 해결할 수 없을 때는 관세음보살을 불러서 해결하시기 바랍니다.

관음기도 잘해서

딸이
시집가게 되다 (1)

　석왕사 신도인 김반야성 보살이 하루는 고산 스님을 찾아와서 "큰스님, 우리 큰딸 시집 좀 가게 해 주세요."라고 하였다. 고산 스님이 "100일 구혼기도를 하세요. 그러면 됩니다." 하니 "스님이 좀 해 주세요." 한다. 스님이 말씀하시기를 "내가 기도할 시간이 어디 있습니까? 쌍계사에 기도를 부치세요. 내가 틈나는 대로 축원은 해 드리겠습니다." 하였는데 쌍계사에 100일 기도를 부쳐 기도가 끝났는데도 결혼 소식이 없었다.

　그래서 두 번째 100일 기도를 부치라고 했다. 두 번째 기도가 끝나도 소식이 없기에 세 번째 100일 기도를 하라고 했다. 그리고 한 달쯤 지나서 반야성 보살로부터 전화가 왔는데 드디어 혼처가 생겼다는 것이다. 신랑 될 사람의 생월생시와 큰딸의 생월생시를 보니 궁합이 딱 맞았다. 스님은 부처님이 정해 주는 인연이니 바로 택일하여 결혼시키라고 하였다.

반야성 보살의 큰딸은 스님이 말씀하신 대로 결혼을 하고 제주도로 신혼여행을 떠났다. 그런데 신혼여행을 간 첫날 밤 12시쯤 반야성 보살로부터 전화가 왔다.

"스님, 큰일 났습니다. 큰딸에게서 전화가 왔는데 '엄마! 나 저 사람하고 안 살래.' 하기에 왜 그러냐 했더니 '꾸몄을 때는 미남이더니 씻고 나왔는데 보니 곰보라서 도깨비 같아!' 라고 하니 어찌하면 좋겠습니까?"

알고 보니 사위는 현직 검사요 재산도 좀 있는 집 자손인데 살짝 곰보였던 것이다.

반야성 보살의 말을 다 듣고 나서 고산 스님이 말했다.

"아! 걱정할 것 없습니다. 딸에게 전화해서 내가 하는 말을 전하세요. 부처님이 정해 주는 인연을 시험해 보기 위해서 미남으로 보였다가 도깨비로 보였다가 다양하게 보이는 건데 눈 질끈 감고 자고 나면 또 미남으로 보일 것이니 아무 소리 말고 그대로 누워 자라고 하세요."

이렇게 해서 잠을 잤는데 아침에 신랑이 먼저 일어나서 씻고 화장하고 있으니 스님이 말한 대로 미남이었다.

반야성 보살의 큰딸은 오늘까지 1남 1녀 낳고 행복하게 살고 있으며 보살과 남편 되는 처사님은 앉는 자리마다 사위 자랑뿐이다.

사바세계와 극락으로 자재로이 놀아서
재물 보시와 법의 보시와 무외의 보시로써
인연 따라 한량없는 중생을 제도해서
각자가 원하는 바를 얻고 보리를 이루게 하는도다.

고산 대종사의 관음찬 제2송

관세음보살을
불러서

노처녀가 시집가서
행복하게 살게 되다 (2)

경남 마산에 사는 김인숙이라는 40세 노처녀가 쌍계사로 고산 스님을 찾아왔다.

"스님, 저는 시집 못 갈 팔자입니까?"

스님이 말씀하시기를 "짚신도 짝이 있고 나막신도 짝이 있고 고무신도 짝이 있으며, 공자께서도 말씀하시기를 '천불생무록지인天不生無祿之人하고 지불장무명지초地不藏無名之草라고 하늘이 사람을 내어놓을 때 녹 없는 사람을 내어놓지 않고 땅이 이름 없는 초목을 감추지 않는다.'고 했는데 시집 못 갈 사람이 어디 있습니까? 운명이고 사주팔자고 다 자신이 스스로 만드는 것입니다. 그러니 오늘부터 내가 시키는 대로 아침저녁으로 관세음보살을 3천 번씩 부르고, 낮에 일하면서 노는 입에 종일 관세음보살을 부르다 보면 틀림없이 좋은 인연을 만나 행복한 생활을 누리게 될 것입니다."라고 하였다.

김인숙은 그날부터 매일같이 열심히 관세음보살을 불러 1년 6개월이 지나 좋은 인연을 만나 결혼하여 아들 한 명 낳고 행복한 생활을 하고 있다.

필자는 누구에게나 억지로 불교를 믿으라고 권하지 않습니다. 살다가 급한 일이 생기거든 전화기 끄고 앞뒤 문걸어 잠그고 자기 방에 단정히 앉아 합장하고서 "관세음보살! 관세음보살!"을 일일일야—日—夜만 지송해도 모든 일이 해결될 터이니 꼭 믿고 하시기 바랍니다.

관음기도로

매일 구타하는
남편으로부터 해방되다

경기도 고양에 있는 이자월성 보살은 중매로 결혼하여 2남 1녀를 두었는데 하는 일이 잘되지 않아 가세가 기울게 되자 그렇게도 부부 금실이 좋던 남편이 매일같이 술에 취해 부인을 구타하기 시작했다.

친구의 집으로 도망가서 며칠씩 있어 보기도 하고 이혼을 하려고 해도 남편이 들어 주지 않아 보살은 참다못해 자살을 기도하기도 했다.

그러고는 백방으로 노력해도 안 되어 어느 작은 암자에 갔다가 우연히 고산 스님을 만나 보라는 말을 듣고 경기도 부천 석왕사에 계시는 고산 스님을 찾아왔다.

전후사 이야기를 다 들은 스님은 "전생의 원결로 참회를 하면 괜찮아질 것입니다." 하시고는 "전생에 보살은 지금 남편의 남자이고 남편은 지금의 보살 부인이었는데 매일같이 남편이 부인을 구타한 원결 때문에 현재 어려움을 겪고 있으니 보살은 오늘부터 매일 백팔참회를 하고, 백팔참회 끝에 남편을 향해 삼배를 하면서 '잘못했습니다. 용서해 주세요!' 하세요. 그리고 매일 관세음보살을 하루 만 번씩 불러 전업이 다하면 처음 결혼할 때와 같이 사랑하게 될 것입니다."라고 말씀하셨다.

보살은 그날부터 꾸준히 참회기도를 하였는데 1년 3개월이 지나서 하루는 남편이 술에 취해 와서는 다른 날처럼 아내를 때리려고 주먹을 번쩍 들었다. 그런데 어찌된 일인지 남편의 주먹이 보살 몸에 닿지 않고 주먹 든 팔이 공중에서 굳어져 내리지도 올리지도 못하게 되었다. 남편은 "이것이 요술을 쓰느냐, 신통을 부리느냐!" 하면서 "내 팔이 왜 이래." 하고 있었다. 보살이 "왜 그래요?" 하고 손을 대니 그제야 팔이 내려졌다.

그 후로도 몇 차례 팔이 굳어 보살이 내려 주지 않으면 몇 시간이고 꼼짝 못하게 되니 그때야 비로소 남편의 마음이 바뀌어 다시는 구타하지 않았다. 지금은 착실한 불자가 되어 행복한 생활을 하고 있다.

생계가 막막할 때
관음기도와 노력으로

원활한 생활을
하게 되다

석왕사에 계시는 고산 스님에게 하루는 한 부부가 찾아와서 "큰스님, 저의 남편이 회사에서 감원당해 살길이 막막합니다. 어떻게 하면 살아나가겠습니까?"라고 하였다. 스님이 말씀하시기를 "부처님께서는 노력만 하면 잘살 수 있다고 했으니 무엇이든 열심히만 하면 됩니다. 부처님께서는 장사하는 데에 첫 번째 먹는장사, 두 번째 입는 장사, 세 번째 집 장사, 네 번째 약 장사가 잘된다고 말씀하셨습니다. 약 장사는 의사와 약사가 되어야 하고, 집 장사는 기본금이 많이 있어야 합니다. 밑천이 적게 드는 것으로는 먹는장사와 입는 장사이니 한번 잘 생각해 보고 하세요!" 하니 부부는 "알겠습니다." 하고 물러갔다.

그 뒤 부부는 가게를 빌려서 '홍들깨칼국수'라는 간판을 걸고 장사를 했는데, 서울에서 칼국수 맛있다는 집마다 다니면서 다 사 먹어 보고 스스로 연구를 해서, 즉석에서 냄비에 물을 끓이고 거기에 미더덕, 조개, 세발낙지 등 여러 재료를 넣어 함께 끓이다가 반죽한 칼국수를 넣어 만드는 독특한 칼국수를 개발했다. 그런데 이것이 다른 집보다 특미라 주변 각처에서 손님이 왔는데 서울의 끝자락 가락동에서도 오고 경기도 의정부에서도 칼국수를 먹으러 왔다.

1년 정도 지나 식당이 인산인해로 매일같이 줄을 서서 번호표를 뽑아 기다리는 정도가 되자 집주인이 자기네가 하면 부자 되겠다는 생각에 가게를 비우라고 했다. 부부는 결국 쫓겨나서 있던 자리에서 1킬로미터 정도 떨어진 곳에서 다시 장사를 시작했는데 거기도 곧 인산인해가 되었다.

한편 부부를 쫓아낸 집주인은 직접 칼국수 가게를 시작하자 손님이 오기는커녕 파리만 날리는 상황이 되어 창피해서 집을 팔고 이사가 버렸다. 하지만 이 부부는 열심히 일을 해서 현재 그 집을 다 사고 행복하게 살고 있다.

일생으로
관음기도를 하니

모든 액난을
면하다

고산 스님은 일생으로 관음기도를 해서 모든 액난을 면했는데 1972년에 조계사 주지로 갔더니 조계사 법당이 잡화점 같았다. 주지가 직접 정리하지 않으면 안 될 지경이었다.

스님이 장군죽비를 들고 영단 좌측 가로 가니 귀신 들린 사람이 점을 보고 있고, 영단 우측으로 가니 여성들의 화장품, 내의, 장신구를 팔고 있고, 법당 정문 쪽에는 다른 절에서 화주 책을 가지고 와서 화주를 하고 있고, 법당 동쪽 문 안에서는 다른 절에서 와서 관광객을 모집하고 있었다. 거기다 부처님 정면 탁자 앞에서는 두 보살이 머리채를 잡고 소리

고산 큰스님의 관세음보살 영험록

소리 지르면서 싸우고 있었다.

스님은 싸우는 사람들에게 먼저 가서 싸우는 까닭을 물었다. 한 보살이 말하기를 "저 못된 것이 내가 다기 물을 떠다 올리고 촛불을 켜고 절을 두 번밖에 안 했는데 촛불을 바꾸고 또 다기를 들고 나가는 것이 아닙니까. 그래서 싸웁니다." 라고 하자 다른 보살이 "이 법당을 네가 전세 내었느냐?" 하면서 악을 쓴다.

주지 스님이 말했다.

"부처님께서 지난밤에 간장을 한 말이나 드신 것도 아니고 소금을 한 가마니 잡순 것도 아닌데 무슨 찬물을 그렇게 자신다고 싸웁니까? 또 부처님은 촛불이나 향 연기를 좋아하지 않는데 향로가 비좁도록 향을 가득히 꽂아 연기를 냅니까? 만약 부처님께서 연기를 좋아하신다면 국제고무 공장 굴뚝을 이 법당으로 낸다면 좋을 것 아닙니까? 부처님은 찬물을 좋아하지 않고 연기도 좋아하지 않으니 싸우지 마세요!"

이렇게 해서 싸움이 끝이 났다.

다음으로 관광객 모집하는 사람에게 가서 다시는 이런 행위 못하게 경고하여 쫓아내고, 장사하는 사람에게 가서는 "장사는 동대문시장이나 남대문시장에 가서 하고 다시는 법당에서 하지 마세요!" 하였다. 그런데 점 보는 사람은 좋은 말로 해서는 듣지 않고 두 손을 합장하여 덜덜 떨면서도 좀처럼 물러가지 않을 태세이므로 장군죽비로 사정없이 내리쳤다.

이렇게 쫓겨 간 귀신 들린 사람은 앙심을 품고 삼각산에 가서 "조계사 주지 하는 고산 스님은 즉시 죽어 나가게 해 주사이다."라며 3일 동안 산신기도를 하였다. 그러고는 기도를 마치고 조계사 법당으로 다시 왔는데 주지 스님은 첫눈에 알아보았다. 옆에 있던 한 보살이 주지 스님에게 "저 보살이 스님 죽으라고 3일 동안 산신기도를 하고 왔습니다."라고 소곤소곤 이야기했다.

주지 스님이 그 보살을 자세히 보니 그날 완전히 죽을 상이었다. 그런데 보살이 중학생 손자를 데리고 와 있었던 것이다. 할머니는 자업자득이라지만 손자에게 그 앙화가 미칠까 염려되어 주지 스님은 손자에게 부적 격으로 오천 원짜리 지

폐를 한 장 주면서 "너 이거 쓰지 말고 꼭 몸에 지니고, 오늘은 할머니 곁에서 한 발 떨어져서 다녀라."고 당부하였다.

그날 오후 3시경 급보가 들려왔는데 그 보살이 손자를 데리고 조계사 앞 큰 길을 건너다가 달리는 차에 엉덩이를 으스러지게 부딪혀서 바로 앞 한국병원에 입원했다는 것이다. 다행히 손자는 무사했다.

주지 스님은 자기 때문에 사람이 죽어서는 안 된다는 생각에 사람을 살리고자 문병을 갔다. 병원에 가 보니 보살이 지은 죄가 있어 그대로 두면 하반신을 못 쓰는 불구가 될 것 같았다.

주지 스님은 보살에게 불구자가 되지 않도록 말했다.

"보살, 앞으로 병신으로 살고 싶지 않으면 주지 죽으라는 원한을 풀고, 병신으로 살고 싶으면 원한을 그대로 가지고 있으면 됩니다."

보살은 원한을 풀었는지 한 달쯤 뒤에 퇴원했다.

남을 해칠 마음을 가지면 본인이 당한다는 이치를 잘 알고 항상 선심을 발하여 행복한 삶을 누리시기 바랍니다.

열심히
관음기도를 해서

이혼한 부부가
재결합하다 (1)

고산 스님이 조계사 주지로 있을 때 하루는 40대 초반의
여성이 찾아왔다. 얼굴을 보니 눈자위와 콧구멍과 입술이 새
까맣게 타서 죽게 되어 있었다. 주지 스님이 "남편이 바람피
우지요?" 하니 여성이 깜짝 놀라며 "어떻게 아십니까?" 한다.
주지 스님은 "여자가 얼굴이 새까맣게 타서 죽게 되었으니 남
편이 바람피워 속상한 일밖에 또 뭐가 있겠습니까?" 하고는
"남편에게 붙은 애인 죽으라고 부적 써서 비방秘方했지요?"라
고 물었다. 그랬다고 대답하는 여성에게 "당신! 내일모레 곧
죽겠구먼!" 하니 "어찌하면 살겠습니까?" 한다.

주지 스님이 살고 싶으면 시키는 대로 하겠느냐고 묻자 그렇게 하겠다고 해서 "그러면 부적 써서 비방한 것을 모두 가지고 오세요. 하나라도 두면 당신은 죽으니 다 가지고 오세요!"라고 하였다. 여성은 그날로 즉시 다 가져왔다.

주지 스님은 시자에게 쟁반과 성냥을 가져오게 해서 직접 다 불사르게 하고 돈은 얼마 정도 있는지 물었다. "부적 사고 조금 남아 있습니다." 하기에 주지 스님이 말했다.

"그 돈으로 남편에게 좋은 양복과 넥타이와 구두를 맞춰 주세요! 그리고 새 양복 입히고 새 구두 신기고, 운전할 줄 안다고 하니 처음 시집왔을 때와 같이 기분 좋은 얼굴로 아침밥 잘 차려 드리고 아침마다 출근시켜 주세요. 퇴근 시간 맞춰서는 퇴근시켜서 저녁 진지 잘 차려 드리고 애인의 집에 모셔다 드리세요. 그리고 '편안히 쉬세요!' 인사하고 보살은 집에 와서 쉬면 됩니다. 이렇게 하기를 내가 그만하라고 할 때까지 계속하는데 보살은 매일같이 관세음보살을 만 번 이상 부르세요!"

보살이 매일같이 기쁜 마음, 불만 없는 얼굴로 그렇게 하니 일주일 만에 남편이 아내의 손목을 잡고 말했다.

"여보, 이제 그만하세요. 내가 잘못했습니다. 곧 정리하겠습니다."

보살이 주지 스님에게 와서 그 말을 전하면서 "이제 그만해도 되지 않겠습니까?" 하자 주지 스님은 "아직 멀었습니다. 완전히 정리할 때까지 계속하세요."라고 했다.

그리고 한 달쯤 지나서 남편이 완전히 애인을 정리하고 집으로 돌아오게 되었다. 그러고는 어떻게 그렇게 마음이 변했는지 묻기에 보살이 대답했다.

"조계사 주지 스님께서 시키는 대로 했을 뿐입니다."

그 말을 들은 남편은 아내를 데리고 청과시장에 가서 과일을 두 상자 사서 조계사로 와서는 주지 스님께 삼배를 올리고 연신 "감사합니다. 감사합니다." 인사를 하였다.

만사는 순리대로 해결하는 것이 올바르며, 관세음보살을 불러서 해결되지 않는 일은 없습니다.

생각 생각 관세음보살 이름을 칭하면
생각 생각 대비의 교화를 드리우는도다
교화하되 교화함이 없는 참된 자비로
제도하되 제도함이 없이 뭇 중생을 제도하는도다.

고산 대종사의 관음찬 제14송

열심히
관음기도를 해서

이혼자가
재결합하다 (2)

서울 서초동에 사는 이영희라는 30대 후반의 여성이 친정이 가난하다는 이유로 남편에게 무시를 당해서 홧김에 이혼 서류에 도장 찍고 친정부모와 시부모에게 알리지도 못하고 혼자 고민하다가 조계사 주지 고산 스님을 찾아왔다.

"스님, 홧김에 이혼서류에 도장 찍고 한 달 정도 고민하다가 스님을 찾아왔습니다. 어떻게 하면 재결합할 수 있겠습니까?"

스님은 그 여성에게 아직도 남편을 사랑하는지 물었다.

"눈을 감으나 뜨나 남편 생각뿐이고 아무 일도 할 수가 없

고산 큰스님의 관세음보살 영험록

습니다."

"남편을 사랑하는 것이 맞네요. 보살의 마음을 알았으니 남편의 전화번호나 불러 보세요."

고산 스님은 남편의 전화번호를 받아 적은 뒤 보살에게 "오늘은 집에 가지 말고 종일 법당에서 관세음보살을 부르세요. 남편은 퇴근 후에 내가 불러서 이야기할 테니 보살은 내가 부를 때까지 법당에서 기도하세요."라고 했다.

퇴근 시간이 되어서 주지 스님은 그 여성의 남편에게 전화를 걸었다.

"여보세요."

"여보세요."

"누구십니까?"

"저는 조계사 주지입니다. 당신 최근에 이혼했지요?"

"그걸 어떻게 아십니까?"

"다 알고 있습니다. 당신에게 꼭 할 말이 있으니 퇴근하는 즉시 조계사에 왔다 가세요. 그렇게 하지 않으면 평생 후회하게 될 것입니다."

남편은 즉시 조계사로 주지 스님을 찾아와서 인사하고 왜 불렀는지 물었다.

주지 스님이 말했다.

"아직 당신 부인을 사랑하나요?"

"네, 사랑합니다."

"그러면 부인을 불러 드리세요!"

"아니! 자기 발로 나갔으니 자기 발로 들어오면 받아 주지만 그렇지 않으면 절대로 받아 줄 수 없습니다."

주지 스님은 시자에게 법당에 가서 이영희 보살을 불러오라고 했다.

조금 있으니 이영희 보살이 노크를 하고 들어왔다.

주지 스님이 말했다.

"부인이 자기 발로 들어오니 받아들이세요."

남편이 머뭇거리며 어찌 할 바를 모르자 주지 스님은 "조금 전에 자기 발로 들어오면 받아 준다고 하지 않았소?" 하고 큰 소리로 말했다. 남편이 얼떨결에 일어나서 아내의 손목을 잡으려 하니 이번에는 아내가 손을 뿌리쳤다.

주지 스님이 말했다.

"남편이 손을 잡을 때는 가만히 있는 거요!"

그제야 아내가 손목을 잡혔다.

주지 스님은 두 사람을 앞으로 불러 세워놓고 말했다.

"오늘 내가 새로 주례사가 되었으니 나에게 절을 세 번 하세요. 그다음 서로 마주 보고 재결합의 절을 한 번 하고 자리에 앉으세요. 이혼서류 가지고 왔습니까?"

"네, 가지고 왔습니다."

주지 스님은 "두 분 다 그 서류를 내어 놓으세요." 하고는 시자에게 쟁반과 성냥을 가져오게 해서 직접 불사르게 하고 말했다.

"오늘 두 분은 이혼 없이 재결합을 하였으니 앞으로는 싸우지 말고 화목하게, 부처님 말씀 잘 믿고 남은 생을 행복하게 보내시기 바랍니다."

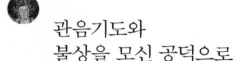

관음기도와
불상을 모신 공덕으로

수명을
30년 연장하다

석왕사 신도 가운데 서울에 사는 50대 후반의 강법왕심 보살이 있었다. 보살이 하루는 고산 스님을 찾아와서 물었다.

"스님, 제가 서울의 유명한 병원마다 다 가서 종합검진을 받았는데 여러 가지 병이 복합적으로 생겨서 수술을 해도 살기가 어렵다고 합니다. 유명한 철학자 박혜월이 제작한 사주에도 57세에 입적한다고 했습니다. 스님, 수술을 하면 어떻겠습니까?"

고산 스님은 식광경계가 있은 지 오래여서 정심 관찰하고는 "내장에 한두 가지 병이 있는 것이 아닙니다. 엉망진창이

                                              고산 큰스님의 관세음보살 영험록

어서 수술하면 죽습니다. 수술하지 말고 새로 짓는 절의 삼존불 가운데 부처님을 한 분 모시고 관세음보살을 하루 만 번씩 부르면 수명을 연장할 수 있습니다."라고 일러 주었다.

그 후 몇 개월 안 되어 보살이 딸들의 성화에 못 이겨 수술을 하려고 병원에서 배를 열었는데 고산 스님이 관찰한 바와 같이 너무나 여러 군데가 고장이 나서 의사도 손쓸 묘책이 없어서 다시 덮었다고 한다. 하지만 보살에게는 수술 잘되었다고 속였던 것이다.

이러한 사실을 전해 들은 고산 스님은 법왕심 보살에게 권하여 부산 혜원정사의 대웅전 주불을 모시게 하고 매일같이 관음 주력을 하게 하였다. 보살은 이러한 인연 공덕으로 30년을 더 살다가 입적하였다.

선근 공덕과 관세음보살 가피력으로 수명을 연장할 뿐만 아니라 부귀공명을 누릴 수도 있는 것이다.

지극한 관음 주력으로

고부가
화목하게 되다

고산 스님이 조계사 주지로 있을 때 하루는 김미숙이라는 30대 초반의 여성이 찾아왔다.

"주지 스님, 제가 어떻게 하면 시어머니 등쌀에 쫓겨나지 않고 잘살 수 있겠습니까?"

주지 스님이 말했다.

"관세음보살을 하루 만 번씩만 부르면 시어머니 생각이 너그러워지고 잘살 수 있을 것입니다."

보살은 "잘 알겠습니다." 하고 물러갔다.

그 후 3개월이 지나 보살이 다시 찾아와서 "주지 스님, 스님께서 시킨 대로 하니 시어머니가 좀 덜한 것 같아요."라고

고산 큰스님의 관세음보살 영험록

하였다. 주지 스님은 "보살, 이제는 아침저녁으로 108배 참회를 하고 관세음보살도 더 열심히 불러 보세요!"라고 했다. 보살은 그 후로 얼마나 기도를 열심히 했는지 약 1년 만에 다시 찾아와서 말했다.

"스님, 고맙습니다. 시어머니와 사이가 아주 좋아졌습니다. 한 날은 시어머니가 저를 불러놓고 '아가, 미안하다. 내가 왜 그렇게 너를 미워했는지 나도 모르겠다.' 하시면서 손을 잡고 눈물을 흘리셨습니다. 앞으로는 절대로 미워하지 않고 친딸처럼 여기고 잘 지내도록 하겠다고 하셨어요. 저도 눈물을 흘리며 '모든 것이 제가 부족했습니다.' 하고는 그 후로 밥도 같이 먹고 시장도 같이 보고 절에도 같이 가고 어떤 때는 잠도 같이 잘 정도가 되었으니 남편이 오히려 샘을 낼 정도입니다."

관세음보살의 위신력으로 업장이 소멸되니 이와 같이 변한 것을 누가 알리오. 불안에 초조한 세상 사람들이여, 너 나없이 관세음보살에게 의지하여 다함없는 행복을 누리시기 바랍니다.

삼일 밤낮으로
관세음보살을 부름에

집 나간 아들이
돌아오다

부산 사직동에 사는 송여의심 보살이 한 날 혜원정사로 고산 스님을 찾아와서는 "큰스님! 제 아들이 3대 외동아들로서 중학생인데 집을 나가 버렸습니다. 영어도 잘해야 한다, 수학도 잘해야 한다, 피아노도 잘 쳐야 한다, 운동도 잘해야 한다고 엄마 아빠가 하도 잔소리를 해 대니 그만 간다온다 말 없이 집을 나가 버렸습니다. 평소에 아무리 급해도 철학관이나 귀신 들린 사람 찾아 가지 말라는 고산 스님의 법문을 들었기에 어디 물으러 가지 않고 스님을 찾아왔습니다. 스님, 어떻게 하면 제 아들이 빨리 집으로 돌아오겠습니까?" 하였다.

고산 스님이 말했다.

"삼일 밤낮으로 오는 전화 받지 말고 전화를 걸지도 말고 앞뒤 문 걸어 잠그고 정좌해서 관세음보살을 부르세요. 그리하면 3일 만에 제 발로 들어올 것입니다."

보살은 스님이 시킨 대로 3일 밤낮으로 관음기도를 했다. 그런데 아들이 정말로 3일 만에 고생을 실컷 하고 돌아와서 용서를 빌었다.

"아버지, 어머니, 잘못했습니다. 다시는 그런 행동 하지 않겠습니다."

그날부터 여의심 보살의 아들은 착실한 모범생이 되어 대학도 잘 마치고 장가들어 아들딸 낳고 행복한 생활을 하고 있다.

관음기도로

죽은 아들을
살려 내다

부산 전포동에 사는 김광명심 보살은 5대 외동아들이 갑자기 심장병으로 죽었다며 고산 스님을 찾아왔다.

"스님! 제 아들이 15살인데 지난밤에 아픈 데도 없이 죽었습니다. 어떻게 하면 살릴 수 있습니까?"

"보살, 시장에 가서 눈에 보이는 살아 있는 고기는 모두 사서 방생을 하고, 먹는 것 잠자는 것 다 잊고 죽은 아들 옆에 앉아 3일 밤낮으로 관세음보살을 부르세요. 그리하면 무슨 소식이 있을 것입니다."

스님의 말이 끝나기 무섭게 보살은 집으로 달려가 죽을 각오로 관세음보살에게 매달렸다.

즉심이면 감천이라더니 염라대왕에게까지 기도의 간절함이 전달되어 염라국에 긴급회의가 열린 모양이다.

광명심 보살 부부는 선대 조상이 도살업을 하면서 많은 생명을 살생했는데 그 업으로 인해 대대로 단명할 뿐만 아니라 자손도 귀했다. 이 부부가 결혼하여 자식을 얻기 위해 지극정성 부처님께 기도하자 불보살과 염라왕이 회의를 해서 15년 귀양 보낼 죄인을 마지못해 부부의 아들로 보냈던 것이다.

15년이 지나 아들의 목숨을 거둬 가려고 했는데 보살이 아들의 생명을 살리기 위해 수만의 목숨을 방생하고 간절히 기도하니 불보살과 염라왕이 다시 회의를 해서 이미 보내 준 자식이니 생명을 30년 더 연장시켜 주자고 의견을 모아 소생하게 되었다.

그 뒤로 아들은 건강하게 장성해서 결혼하여 세대를 잇고 행복하게 살다가 45세에 입적하였다.

관세음보살 위신력은 중생으로서는 이해하기에 불가사의하다.

관음기도로

절단해야 할 팔이
완쾌되다

서울 도봉구에 사는 정불이성 보살이 한번은 침을 잘못 맞아 오른팔에 탈이 나서 깁스를 하고 목에 걸고 다녔다. 전국의 큰 병원과 한의원을 다 찾아다니면서 치료를 요청했으나 한결같이 팔을 절단하고 고무팔을 해야 한다고 하였다. 보살은 마지막으로 고산 스님을 찾아왔다.

"스님, 병원이고 한의원이고 모두 팔이 썩어 들어가니 절단해야 한다고 하는데, 정말 절단해야 합니까?"

고산 스님이 물었다.

"태어날 때부터 곰배팔로 태어났습니까?"

"아니요! 침을 잘못 맞아 이렇게 되었습니다."

고산 스님은 "본래 그런 것이 아니라면 안 나을 이유가 없습니다. 관음기도를 3일이나 7일 열심히 하면 관세음보살이 낫게 해 줄 것입니다."라고 말했다.

고산 스님의 말을 들은 보살은 삼각산 승가사 밑에 있는 혜림정사에 가서 기도를 하는 둥 마는 둥 하다가 3일이 지나서 낫지 않으니 이번에는 중국 사람이 운영하는 병원으로 가서 진찰한 결과 역시 절단해야 한다고 하니 다시 고산 스님을 찾아와서 "스님, 진짜 절단 안 해도 완쾌될 수 있습니까?" 하였다.

고산 스님이 이번에는 화난 음성으로 "자르고 싶거든 가서 자를 것이지 왜 기도도 제대로 하지 않고 묻고만 돌아다니세요!" 하고는 "꼭 낫고 싶거든 관음도량인 보리암으로 가서 3일 기도를 하고 내려와서 쌍계사 대웅전에 가서 하루 12시간 사분정근을 생명을 걸어놓고 하세요. 회향은 내가 가서 해 드리겠습니다." 하였다. 이번에는 보살이 다소 긍정하는 눈치였다.

불이성 보살은 고산 스님이 말한 대로 보리암을 가기 위해

금산을 올랐다. 그때만 해도 차도가 없어 걸어서 올라갈 때인지라 기진맥진한 보살이 걸어서 올라갈 수 없어서 짐꾼이 지게에 지고 올라갔다. 그러고는 3일 동안 지극정성으로 관음기도를 하고 다시 쌍계사로 가서 남은 4일 동안 대웅전에서 열심히 관음기도를 하였다. 고산 스님이 쌍계사로 직접 내려가 보니 지극정성으로 기도하고 있었다.

고산 스님은 '아! 저만하면 성취하겠다.' 생각하고는 회향 날 삼보통청, 관음청을 해서 헌공 시 대례참 등 법답게 공양 올려 마치고 상단에 지극히 병고쾌차 삼축을 하고 신중단에 각종 제 진언을 해서 공양 올리고 재고축을 하는데, 불이성 보살이 절하다 말고 기절하여 쓰러졌다.

법당 보살이 "숨이 끊어졌습니다. 죽었습니다. 구급차를 부를까요?" 하기에 고산 스님은 "가만히 두세요. 조금 있으면 깨어날 것입니다." 하였는데 삼고축을 끝낼 무렵 불이성 보살이 털고 일어나면서 팔을 펴서 바닥을 짚고 일어나는 것이 아닌가! 그러고는 본인도 놀라서 큰 소리로 "아, 내 팔이 펴졌다! 내 팔이 펴졌다!" 하였다.

기절했을 때 시아버지가 나타나서 "아가야, 일어나라." 하시며 부축해 주어 깨어났는데 팔이 펴진 것이다.

관세음보살이 시아버지로 변신하여 구제한 것을 불이성 보살은 지금도 시아버지가 팔을 낫게 해 주었다고 한다.

관세음보살의 위신력을 아는 자 희유하도다.

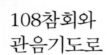

108참회와
관음기도로

노이로제가
완쾌되다

고산 스님이 조계사 주지로 있을 때 하루는 정선자라는 젊은 여성을 오른쪽에는 어머니가 부축하고 왼쪽에는 도와주는 사람이 부축을 해서 주지 스님 방으로 들어왔다. 그러고는 어머니가 말하기를 "주지 스님! 우리 딸 좀 낫게 해 주세요!"라고 하였다.

주지 스님이 살펴보건대 큰 병은 없고 노이로제다. 그래서 한마디로 "아무데도 아픈 데 없어. 네가 여기 아프다 생각하니 그것이 병인 거야." 하시고는 " 금방 낫게 해 줄 테니 내가 시키는 대로 하세요. 오늘부터 법당에 가서 관세음보살을 부르면서 108배를 하세요. 저녁에는 내가 구병시식을 해 줄 테니 오늘만 할 것이 아니고 내일, 모레까지 하면 완쾌될 것입니다."라고 하였다.

이렇게 해서 정선자는 첫째 날에는 부축을 받으면서 절을 몇 번 못했는데 둘째 날부터는 혼자서도 사뿐사뿐 절을 잘했다. 둘째 날 저녁에도 구병시식을 하고 셋째 날에도 구병시식을 해 주었더니 완쾌된 몸으로 돌아갔다.

노이로제라는 것은 내가 머리가 아프다, 내가 배가 아프다, 내가 이가 아프다 해서 자꾸 그곳에 생각을 두어 생기는 병이다. 예를 들어 이가 아프다는 생각으로 혓바닥으로 계속 그곳을 핥으면 잇몸이 붓고 진짜 이가 아프게 되는 것이다.

이와 같이 생각으로 아픈 것이 노이로제인 것이다. 우울한 생각으로 있으면 우울증이요, 우울증에서 한 단계 넘어 닥치는 대로 던지고 부수고 때리면 분열증이다. 그러므로 이 세 가지 병은 마음만 잘 다스리면 완쾌되는 것이다.

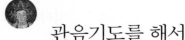

관음기도를 해서

예능계 대학
1,000 대 1에 합격하다

서울에 사는 김반야성 보살이 한 날 쌍계사로 고산 스님을 찾아와서 "큰스님, 우리 둘째 딸 예능계 대학 시험에 합격하도록 기도 좀 해 주세요." 했다. 고산 스님이 "보살이 직접 기도하세요. 나는 기도할 시간이 없습니다." 하니 그날은 보살이 물러갔으나 그 뒤 여러 차례 시험에 합격하도록 기도해 달라고 부탁하였다. 스님이 마지못해서 "그러면 내가 합격시켜 주면 보살은 나에게 무엇을 해 줄 건데요?"라고 물었다.

"무엇이든지 해 드리겠습니다."

"그럼 내가 합격시켜 줄 터이니 우리나라에서 제일 큰 탑을 하나 세워 주겠습니까?"

고산 큰스님의 관세음보살 영험록

보살이 서슴지 않고 "네, 해 드리겠습니다." 하기에 스님은 "좋습니다. 그러면 오늘부터 기도를 시작합시다." 하고 그날 부터 시험 치는 날까지 계속 기도를 하기로 했다. 3일 정도 기도하고 고산 스님은 성취될 것을 이미 알았다.

그리고는 반야성 보살에게 전화를 걸어 "계약금 보내세요." 라고 했다. 보살이 놀라서 "기도 시작한 지 3일밖에 안 되었 는데, 합격할지 못할지도 모르는데 탑 조성 계약을 하면 어떡 합니까?" 하자 스님은 "아, 내가 합격시켜 주면 될 것 아니오. 오늘 당장 계약금 1천만 원 보내세요."라고 했다.

보살은 정말 그날 1천만 원을 송금하였다. 고산 스님은 은행에 가서 1천만 원짜리 수표를 한 장을 끊어서 호주머니 에 넣고 경남 창원으로 마산으로 석재사를 돌아보고 부산으 로 가서 몇 군데 석재사에 들러 높이 몇 자, 둘레 몇 자 9층탑 을 물으니 1억1천만 원, 1억2천만 원, 1억3천만 원을 달라고 하였다. 다시 서울로 가서 석재사에 들러 물으니 1억4천만 원, 1억5천만 원을 달라는 것이었다.

스님은 이번에는 대구로 갔다. 그러고는 보광석재로 바로 가서 사장을 만나 이야기했더니 "한 8천만 원 들어야 합니다."라고 하였다. 스님이 깜짝 놀라며 큰 소리로 "예끼, 여보시오. 남의 불사 망칠 작정이오."라고 하자 석재사 사장은 비싸다는 말인 줄 알고 "그렇게 안 들이고는 할 수 없는데요."라고 하였다.

고산 스님은 다시 말했다.

"비싸다는 것이 아니고 부산과 서울로 다니면서 알아보니 모두 1억2천만 원, 1억3천만 원, 1억4천만 원, 1억5천만 원을 말하던데 당신은 어떻게 1억도 안 되게 말합니까?"

그러자 사장이 "그러면 한번 맡겨 보시면 될 것 아닙니까!"하기에 계약금을 주고 계약서를 쓰고서 쌍계사로 돌아왔다.

한 달쯤 지나서 스님은 반야성 보살에게 전화해서 "이번에는 중도금 2천만 원을 보내세요."라고 했다. 그러고는 그 2천만 원을 찾아서 보광석재로 가서 9층석탑 제작에 대해 자세히 설명하고 중도금을 주고 쌍계사로 내려왔다. 또 2개월이 지나서는 5천만 원을 요구해서 보살에게 받아 석탑 제작 비용을 치렀는데, 계약할 때는 탑만 세우기로 했으나 난간과 석등 두 개를 추가하니 1억3천만 원이 되었다.

탑이 완성되어 쌍계사 도량에 세우게 됨과 동시에 반야성 보살 둘째 딸의 시험 날이 다가왔다. 시험 날 저녁이 되어 점수를 발표하는데 반야성 보살은 점수가 올라가면 올라갔다고 전화하고 점수가 내려가면 내려갔다고 전화하는 등 밤새 잠을 못 자게 야단이었다. 스님이 "합격될 터이니 걱정 말고 그만 주무세요."라고 해도 말을 듣지 않고 계속 전화통을 붙들고 안절부절이다.

그러다가 새벽녘에 "딸의 점수가 많이 떨어졌으니 이 일을 어찌하면 좋습니까." 하고 호들갑이다. 스님이 "그만 텔레비전 끄고 쉬세요. 틀림없이 합격할 터이니 안심하세요."라고 해도 보살은 스님 말을 듣지 않고 밤새워 야단이다.

고산 스님은 일생으로 관음기도를 해서 기도 입재만 하면 이미 다 알기 때문에 초조하게 여기지 않는다. 부처님하고 약속한 것은 틀림없기에 미리 말을 해 주는데 중생들은 믿지 않으니 안타깝기 그지없다. 그러다 날이 샐 무렵 최고 점수로 합격 발표가 되니 그제야 안심하고 "제 딸이 합격했습니다." 한다.

쌍계사에 9층석탑은 이렇게 해서 세워졌다.

관음 주력으로
간암, 폐암, 위암이 완치되다

　서울 압구정동에 사는 이자월성 보살이 하루는 석왕사로 고산 스님을 찾아와서 삼배를 올리고 "큰스님, 저는 어찌하면 좋습니까? 큰 병원 두세 군데 가서 종합검진을 한 결과 만성간암, 폐암, 위암 세 가지 암으로 수술도 할 수 없고 얼마 못 산다고 합니다."라고 했다.

　고산 스님은 보살의 말을 듣고 더 살고 싶은지 물었다.

　"네, 이제 회갑 지났는데 앞으로 10년은 더 살아야지요."

　"그러면 그렇게 되도록 노력하면 되지요. 오늘부터 내가 시키는 대로 하세요. 하루에 네 번씩, 아침 먹기 전, 점심 먹기 전, 저녁 먹기 전, 잠자리 들기 전에 생수를 한 컵 떠 놓고 약사여래불을 108번 부르고, 약사여래멸제일체중생고뇌진

　　　　　　　　　　　　　　고산 큰스님의 관세음보살 영험록

언인 '나무 바가바제 비살사루로 벽유리발라 바갈나사야 다
타아다야 아라하제 삼먁삼붇다야 단야타 옴 비살서 비살서
비살사 삼몰아제 사바하'를 108번 하고, 그 컵에 담긴 물을
세 모금 마시세요. 그 네 번을 제외하고는 밤이나 낮이나 꿈
속에서까지 관세음보살을 부르세요. 그리하면 모든 병이 다
없어지고 이삼십 년 더 살게 될 것입니다."

보살은 스님이 시킨 대로 얼마나 열심히 했던지 세 가지 병
이 다 없어지고 20년을 더 살다가 입적하였다. 아마 이 보살
은 관세음보살의 감로수를 얻어 마신 모양이다. 그렇지 않
으면 어찌 세 가지 병이 다 낫겠느냐 말이다.

고통에 시달리는 모든 중생은 불신하지 말고 진심으로
불교를 믿어서 행복한 삶을 누리시기 바랍니다.

관세음보살
위신력으로

10리 주변만
비가 오지 않았다

고산 스님이 혜원정사에 계실 때 부산 온천동에 있는 금천 선원으로 보살계를 설해 주러 가는데 가는 날이 장날이라더니 비가 많이 내리고 있었다. 절에 도착하니 그 절의 주지 스님이 비가 온다고 큰 걱정이었다.

고산 스님은 법당에 들어가서 정성을 모아 기도 발원하기를 "이 절 10리 주위만 비가 오지 않게 해 주사이다." 하였다. 잠깐 기도하고 나와서 차 한 잔 마시고 있는데 그 절 주지 스님이 이제 비가 그쳤다고 좋아하고 있었다.

잠시 후 오전 10시가 되어 보살계를 시작해서 12시 30분에 끝내고 점심 공양을 한 다음 혜원정사로 돌아오는데 연산 로터리를 지나는 길에 개울에 물이 흐르는 것이 비가 온 것 같았다. 혜원정사에 도착해서 물어보니 오전 내내 비가 왔다 는 것이다.

평소에 관음기도를 열심히 하면 즉심이면 감천으로 원하 는 대로 성취한다. 이와 같은 기적은 말로는 다 할 수 없다.

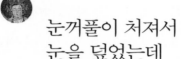

눈꺼풀이 처져서
눈을 덮었는데

수술하지 않고
기도하여 낫게 되다

부산 온천동에 사는 김법성화 보살이 하루는 혜원정사로 고산 스님을 찾아왔다. 보살은 맹인처럼 더듬더듬하면서 "스님, 제가 어제 자고 나니 눈꺼풀이 눈을 덮어서 병원에 갔더니 수술하라는데 수술을 해야겠습니까?"라고 하였다.

고산 스님이 말했다.

"평소 괜찮던 눈이 갑자기 그런데 무슨 수술을 해요. 염불하면 나을 것을. 보살, 내가 시키는 대로 해 보세요. 당장 집에 가서 책상 위에 생수 한 컵 떠 놓고 약사여래불을 108번 부르고 약사여래진언을 일곱 편 하세요. 그리고 그 물을 세 모금 마시고 나머지는 눈에 찍어 바르면서 '약사여래불' 하세요. 1시간에 한 번씩 그렇게 하고 남은 시간에는 관세음보살을 계속 부르세요. 오늘밤 자지 말고 밤새껏 해 보세요. 내일 새벽에는 다 나을 것입니다."

보살은 집으로 가서 밤이 새도록 스님이 하라는 대로 했다. 그리고 새벽 무렵에 눈이 다 나은 보살은 기쁜 마음으로 고산 스님을 찾아와서 "스님이 시킨 대로 해서 다 나았습니다." 하고 감사의 인사를 했다.

약사여래기도와
관음기도로

담석증이 낫다

부산 연산동에 사는 노일심장 보살이 하루는 혜원정사로 고산 스님을 찾아와서 삼배를 올리고 말했다.

"스님, 제가 건강검진을 했는데 담석증이랍니다. 쓸개에 돌이 세 개나 박혀서 수술을 해야 한대요. 수술하지 않고도 나을 수가 있을까요?"

스님은 "아, 그거야 염불 열심히 하면 나을 건데 수술은 뭐 하려고 해요." 하고는 일심장 보살에게 "하룻밤 잠자지 말고 시간마다 생수 한 컵 떠 놓고 약사여래불 108번 부르고 약사여래진언 108번 하고 그 물을 세 모금 마시고 나머지 시간에는 관세음보살을 부르세요. 그리하면 관세음보살이 낫게 해 줄 것입니다."라고 했다.

스님이 시키는 대로 하룻밤을 꼬박 새워 염불한 보살이 새벽녘에 요강에 소변을 보니 딸그락 딸그락 소리가 세 번 나기에 하도 신기하여 요강의 오줌을 부어 내고 자세히 보니 돌이 분명했다. 보살은 그 돌을 휴지에 싸서 챙겨서 병원으로 갔다. 그리고 엑스레이를 찍어 보니 담석이 정말로 없어진 것이다.

의사가 고개를 갸우뚱하면서 "이상하다. 오진은 아니었는데 담석이 없어졌습니다."라고 하자 보살은 휴지에 싼 돌을 보이면서 "새벽에 오줌을 누는데 이것이 나왔습니다." 하였다. 의사는 "거 참 신기한 일이다. 어떻게 저절로 나왔을까." 하였다.

보살은 "밤새도록 염불을 했더니 이것이 나왔습니다." 하고는 휴지에 싼 돌을 챙겨 고산 스님에게 가서 보여 드리면서 입이 마르게 감사의 인사를 하였다.

관음기도
가피로

말랐던 생수가
다시 나오다

　고산 스님이 1975년 쌍계사 주지로 부임했는데 진감, 초의 선사께서 즐겨 차를 달여 마셨던 팔상전 앞 음양수가 바짝 말라서 물이 없었다. 고산 스님은 관음기도와 정신제井神祭를 지극정성으로 지냈다.

　정신제를 지낼 때 고산 스님은 "삼주호법 위태천신 좌보처 사가라용왕 우보처 화수길용왕 난타용왕 발난타용왕 아나바달다용왕 마나사용왕 우바라용왕 덕차가용왕 여시내지 무량무변제대용왕 유원자비강림도량 성취불사도중생 관세음보살님과 재대용왕 가호신통지묘력 차정중내에 음양수 용

출지대원"이라고 축원을 하였는데 제를 마침과 동시에 음양
수가 용출涌出하였다.

　지금도 음양수는 여전히 솟아나오고 있어 많은 사람들의
칭찬을 받고 있다.

일념으로
관음기도를 함으로써

두 시간 동안 비가 개다 (1)

　입산 후로 계속 관음기도만 하는 고산 스님은 학창시절 한라산 백록담을 보고자 했으나 갈 때마다 비가 오고 안개 끼고 구름 끼고 바람 불고 해서 제대로 보지 못하고 돌아왔다. 그리고 다시 도반들과 함께 일곱 명이 제주도를 갔는데 그때도 역시 많은 비가 내렸다.

　평소 관음기도를 하는 고산 스님은 이번에는 관세음보살만 믿고 우산을 쓰고라도 등산을 하기로 마음먹었다. 그러고는 일행에게 "오늘은 장대비를 맞고서라도 등산을 할 것이니 나를 따를 사람은 모두 나오세요." 하였다. 일행이 모두 나왔다.

　버스 가는 데까지는 차를 타고, 차에서 내려서는 우산을 쓰고 큰 소리로 관세음보살을 부르면서 백록담을 향해 걸었다. 백록담이 보이는 1킬로미터 지점에 도착하니 구름이 오락가락하더니 비가 그치고 푸른 하늘이 보이기 시작했다. 고산 스님은 마음속으로 '백록담에 도착하거든 두 시간만 개어주세요.' 했는데 관세음보살에게 이 뜻이 전달되었는지 정말 활짝 개어서 비도 오지 않고 구름도 없고 안개도 없고 바람도 없어 네 가지 장애가 다 없었다.

일행은 도시락을 먹고 사진도 찍으면서 마음껏 놀았는데 제주시를 보아도 환히 잘 보이고 서귀포를 내려다보아도 환히 잘 보였다. 그러다 시간을 보니 관세음보살과 약속한 2시간에서 10분밖에 남지 않았다. 고산 스님은 일행을 재촉하여 서둘러 백록담에서 내려오는데 딱 두 시간이 되니 구름이 모이더니 비가 내리기 시작했다. 일행은 우산을 쓰고 3시간 더 내려와서 버스를 타고 포교당으로 왔다.

고산 스님은 이렇게 학창시절부터 관세음보살의 영험을 체험한 이로서 스님이나 신도들에게 급하면 관음기도를 하라고 하는 것이 다반사다.

관음기도
영험으로

두 시간 동안
청명하다 (2)

1995년에 고산 스님은 송광사 방장이신 보성 스님과 우룡 스님 등 15명의 스님과 중국으로 성지 참배를 떠났다. 당시 부산에서 직항으로 중국 상해로 건너갔다.

고산 스님이 일행의 단장을 맡게 되었는데 상해에서 박물관을 관람하고 진시황릉으로, 자금성으로, 만리장성으로 해서 길림성을 관람하는 날부터 많은 비가 왔다. 다음날은 백두산을 가기로 한 날인데 일기예보에는 3일간 계속해서 비가 온다고 했다. 현지 가이드가 이렇게 비가 오면 백두산을 못 간다고 했다.

그러나 고산 스님은 아무런 걱정을 하지 않고 있었다. 그 날 관광을 끝내고 호텔에 들어가서 저녁 식사를 마친 뒤 단장인 고산 스님이 말했다.

"내일 장대비를 맞고서라도 백두산 갈 터이니 그리 아세요."

현지 가이드가 "비 오면 가야 헛일입니다. 아무것도 볼 수 없어요. 며칠 쉬다가 비 개면 가도록 하세요."라고 말하고, 보성 스님과 우룡 스님도 "비가 개거든 가도록 하지."라고 했는데 거기에 대한 답은 없고 모두 각자 방으로 들어갔다.

그날 밤 고산 스님은 잠을 자지 않았다. 단장으로서 책임이 있어 밤새도록 관음기도를 하고 마음속으로 '두 시간만 날씨가 개어 주소서.'라고 축원했다.

다음 날 아침 식사를 마치고 고산 스님이 말했다.

"모두 양치질하고 화장실 볼일 보고 백두산으로 출발합니다."

그러자 현지 가이드가 말했다.

"이렇게 비가 많이 오는데 가면 안 됩니다."

고산 스님은 큰 소리로 "단장이 가자면 가는 것이지 무슨 가이드가 이러쿵저러쿵 합니까?" 하고는 일행을 인솔하였다.

장대비가 오는데도 일행 모두 버스에 탔다. 고산 스님은 마이크를 잡고 "모두 관세음보살을 부르세요. 염불하면서 갑니다." 하고는 관세음보살을 선창하였다.

비는 억수같이 왔다. 버스 종점에 도착해서는 모두 지프차로 옮겨 탔는데 단장인 고산 스님이 제일 앞 차에 타서 큰 소리로 관세음보살을 부르면서 출발했다. 백두산 상봉 1킬로미터 지점쯤 가니 구름이 오락가락하더니 비가 그치고 푸른 하늘이 보이기 시작했다. 지프차에서 내려 상봉까지 약 100미터 정도 걸어 올라가니 날씨가 활짝 개었다.

현지 가이드가 고산 스님 앞으로 걸어와서는 절을 꾸벅 하고 말했다.

"스님 혹시 제갈공명 후신입니까?"

"나 제갈공명 후신 아니오."

"그러면 혹시 풍운조화를 마음대로 부리십니까?"

"나 풍운조화 부릴 줄 모르오. 나는 관세음보살 기도만 해요."

"제가 10년 동안 가이드 하면서 백두산에 오면 비가 오든지 구름이 끼든지 안개가 끼든지 바람이 불든지 한 가지 장애는 항상 있었는데 오늘은 이 네 가지 장애가 하나도 없습니다. 이 어찌된 일입니까? 신기합니다."

부단장을 맡은 등명낙가사 주지 청우 스님은 샴페인을 터뜨리고 애국가를 부르고 신이 났는데 고산 스님은 정중히 시방삼보를 청해서 남북통일과 세계평화 축원을 하고 화엄신장을 청해서 역시 축원을 해 마쳤다. 그리고 단체 촬영을 하고 자유 시간을 주면서 "두 시간입니다."라고 했다.

두 시간이 끝나기 10분 전이 되자 고산 스님은 큰 소리로 "관세음보살과 약속한 시간이 다 되었습니다. 이제 내려가도록 합시다." 하였다. 일행이 모두 지프차에 올라타고 딱 두 시간이 되어서 출발하려는데 구름이 꽉 끼더니 비가 오기 시작했다. 얼마나 폭우가 쏟아지던지 천지가 깜깜하고 올라갈 때와 마찬가지로 장대비가 퍼부었다. 지프차에서 내려 버스로 바꿔 타는데 그새 옷을 다 버릴 정도였다. 호텔에 도착

해서 각자 방으로 들어가려는데 우룡 스님이 "이번에 단장 참 잘 내었네."라고 하였다. 송광사 방장이신 보성 스님 역시 "맞아. 이번에 단장을 잘 내었어!"라고 했다.

일생 동안 기도를 했으면 단체의 책임을 맡았을 때 대중에게 누는 끼치지 않도록 힘써야 할 것이다. 정성을 들여 노력하면 안 되는 일은 없다.

노력에 노력을 더해서 보살도를 행하여 원만성불하시기 바랍니다.

내가 일생 동안 관세음보살을 칭함에
하고자 하는 모든 일을 다 성취했도다.
낱낱이 원하는 일을 뜻과 같이 이루었으니
세세에 관세음보살 은혜를 갚을 수 없도다.

고산 대종사의 관음찬 제17송

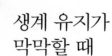

생계 유지가
막막할 때

보문품을 지송하여
생계를 유지하다

부산 반여동에 사는 김을식이라는 처사가 혜원정사로 고산 스님을 찾아와서 정중히 인사를 드리고 "큰스님, 제가 회사 직원으로 있다가 정년퇴직을 했습니다. 아내와 2남 1녀를 두고 어머니를 모시고 있는데 조금 받은 퇴직금을 다 쓰면 생계가 막막합니다. 평소에 배운 것이 없는데 어찌하면 생계를 유지할 수 있겠습니까?" 하였다.

고산 스님은 "아, 그야 노력하면 다 잘살 수 있지요. 다른 일이 생각이 안 날 때는 밥 먹고 문 걸어 잠그고 관세음보살의 지시가 있을 때까지 밤낮으로 관세음보살보문품만 읽으

고산 큰스님의 관세음보살 영험록

세요. 그리하면 틀림없이 무슨 소식이 있을 것입니다."라고 말했는데 이 처사가 한 달간 쉬지 않고 보문품만 지송했더니 하루는 고등학교 동창에게서 뜻밖의 전화가 왔다.

"형님! 요즘 뭐하세요?"

"그냥 놀고 있지."

"형님, 제가 자그마한 회사를 하나 차렸는데 혼자서는 도저히 안 되겠고 해서 사방으로 형님을 찾았습니다. 형님, 좀 도와주세요."

통사정을 하는 동창에게 처사는 좀 생각해 보겠다 하고 전화를 끊고는 고산 스님에게 전화를 걸어서 말씀드렸다. 스님께서는 "처사가 지극정성으로 보문품을 지송하니 관세음보살이 살 길을 열어 주시는 것이니 사양하지 말고 가서 도와주세요."라고 했다.

처사는 사양하지 않고 동창의 회사로 갔는데 상무이사를 맡아서 회사 운영을 잘하고 가정 또한 잘 유지하게 되었다.

보문품을
열심히 지송함에

큰 재물을 얻게 되다

　부산 해운대에 사는 이정훈이라는 처사가 하루는 혜원정
사로 고산 스님을 찾아와서 "큰스님, 제가 정년퇴직을 해서
퇴직금을 조금 받아 다 써 가는데 앞으로가 문제입니다. 어
떻게 하면 좋겠습니까?" 하고 물었다. 스님이 말씀하시기를
"정년퇴직해서 별로 할 일도 없고 하니 열심히 관세음보살보
문품을 지송해 보세요. 그러면 관세음보살의 무슨 지시가 있
을 것입니다." 했다.

　처사는 그날부터 열심히 보문품을 지송했는데 한 달이 지
나고 두 달째 접어들어 10여 일이 지날 무렵, 하루는 고향 친
구에게서 전화가 왔다. 다름 아니라 자기가 집을 팔고 해운

대로 이사를 가니 반여동에 있는 자기 집을 사라는 것이었다. 처사가 즉시 고산 스님에게 전화해서 말씀드렸더니 스님은 "아, 그것은 관세음보살이 살 길을 열어 주는 것이니 서슴지 말고 빚을 내어서라도 사세요."라고 했다.

처사는 스님의 말을 듣고 퇴직금 남은 것과 은행 대출을 좀 받아서 반여동 집과 주위 임야와 밭을 합쳐서 1,500여 평 되는 땅을 3,500만 원에 매입하였다.

그 후 3개월이 지나서 매입할 때보다 가격이 배나 올랐다고 했다. 다시 1년이 지나서는 3배가 올랐다며 고산 스님에게 전화해서 "이제 팔아도 되지 않겠습니까?" 하였는데 스님이 혜안으로 보는 것이 있는지 "아직은 절대로 팔지 마세요." 하였다. 그래서 2년을 더 가지고 있었는데 3년째 접어들자 처음 살 때보다 가격이 10배 이상 올랐다.

처사 부부는 이번에는 고산 스님을 찾아와서 물었다.

"스님, 살 때보다 10배나 올랐으니 이제 팔아도 되겠지요?"

고산 스님은 "그 땅은 그대로 두면 자꾸 가격이 올라갈 뿐인데 처사님이 돈이 급하신 모양입니다." 하고는 "하기는 너무 욕심을 내어도 안 되니 이제 그만 팔아 쓰세요." 하였다.

처사와 부인은 "감사합니다." 하고 물러나서 그 땅을 팔아서 생계 유지에 요긴하게 사용하고 부처님께 귀의하여 행복한 생활을 하고 있으니 관세음보살의 위신력에 감사할 뿐이다.

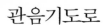

관음기도로

대작불사를
성취하다

고산 스님이 63세 때 경남 통영의 연화도에 사찰을 건립하고자 섬에 들어가려고 하는데 상좌들이 만류하고 심지어 손자 상좌들까지 "환갑 진갑 다 지내고 연로하신 몸으로 섬에 들어가서 무슨 절을 지으려고 하십니까. 들어가시면 안 됩니다." 하고 말렸다. 그러나 고산 스님은 한사코 만류를 거절하고 연화도로 들어갔다.

스님은 섬에 들어가서 절 지을 터에 원두막처럼 포장을 치고 관세음보살 족자를 걸어 놓고 천일관음기도를 시작했다. 뒷집 할머니에게 밥을 부탁해 얻어먹고 매일 기도만 했는데 고산 스님을 아는 신도들은 너나없이 불사에 동참해서 연화사 큰 절을 짓는데 3년 만에 20억 원이나 들어와서 준공하게 되었다.

화주 책을 인쇄하여 돌리지도 않았고 누구에게 도와달라는 말 한마디 없이 관음기도만 했는데 많은 돈이 들어와서 절을 짓게 된 것은 관세음보살의 위신력 때문이 아니고 무엇이겠는가? 청신남녀 모든 불자들이 불보살을 잘 믿고 직심으로 살아간다면 모두 다 행복하게 살다가 성불할 것이다.

고산 스님은 이렇게 연화사 큰 절을 지어 놓고 당시 혜원정사 신도회장이던 이상환 씨의 별장으로 손자 상좌 지웅 수좌를 데리고 놀러갔다. 하루 쉬고 다음 날 새벽 별장을 나와 참회게와 원각경보안보살장과 관세음보살보문품을 지송하면서 바닷가를 다니는데 먼동이 트기 시작하더니 홀연히 연화사 쪽에서 무지개가 떠서는 무지개 한쪽이 유성처럼 날아와서 고산 스님의 등에 닿았다. 그러고는 스님이 바닷가로 다닐 때면 바다로, 산으로 올라가면 산으로 계속 스님만 따라다니는 것이었다. 스님이 전혀 상관하지 않고 지송하던 발

원문을 다 마치니 그때 비로소 사라지는데 지웅 수좌가 큰 소리로 "무지개입니다." 하고 소리쳤다. 이런 일이 있고 얼마 안 되어 스님은 서울로 떠밀려 올라가서 조계종 총무원장이 되어 잠깐 종단 심부름하다가 내려오게 되었다.

고산 스님이 총무원장 직을 사임하고 내려와서 연화도에 다시 보덕암을 지으려고 도로를 닦으려 하는데 경남 밀양에 사는 한 처사 부부가 연화사 바로 앞집을 사서 들어왔다. 이 부부는 투기업자로 집을 사서 절에다 비싸게 팔 작정으로 들어온 모양이었다. 그들은 차도를 못 내게 온갖 방해를 하였는데 막상 포클레인으로 공사를 시작하려니 부인이 나와서 온갖 욕설과 행패를 다 부렸다. 나중에는 남편 되는 사람이 나와서 더 심하게 행패를 부렸다.

스님이 참다못해 한마디하자 처사는 눈동자가 거꾸로 서서 스님의 멱살을 잡고 스님과 한판 싸움을 벌였다. 당기고 밀치고 엎치락뒤치락하는 중에 고산 스님이 "내 땅에 내가 길 내는데 당신이 웬 방해냐."고 하자 처사가 말하기를 "자연을 훼손하니 말하는 것이다."라고 하였다. 고산 스님이 "내가 조계종 총무원장까지 지내면서 자연보호는 당신보다 몇 십 배나 더 잘하고 있다. 당신이 이러쿵저러쿵 할 일이 아니란 말이다. 이 산 너머에 절을 지으려고 하는데 길을 못 닦게 하면 당신이 져다 날라다 줄 거냐?" 하자 처사가 "자연훼손 하지 말고 계단식으로 길을 내면 될 것 아니냐."고 했다.

억지소리라 더 이상 말할 가치가 없는 데다 길 닦는 입구부터 자기가 산 땅이라고 주장하니 할 수 없이 다시 측량을 하였는데 처사의 집 아래채 가운데까지 절 땅이었다. 측량 말뚝을 박아 놓고 다음 날부터 작업을 시작하자 처사는 청와대로, 정보부로, 안기부로, 총무원으로, 도청으로, 시청으로, 면사무소로 진정서를 올리고 계속해서 방해를 했다.

하지만 고산 스님은 조계사 주지로 있으면서 곳곳에 많은 사람들을 잘 알고 있었기에 문의 전화가 오면 한마디로 다 해결을 했다. 원력이 있는 고산 스님이었기에 섬에 절을 지었지 보통 스님이었으면 모두 포기했을 것이다. 연화사 큰 절을 지을 때도 두 번이나 고발을 당해서 공사가 약 1년간 중단된 적도 있었다.

고산 큰스님의 관세음보살 영험록

보덕암을 짓기 위해 차도를 다 닦아서 기초를 파는데, 15미터 아래에서야 본 땅이 나오고 15미터까지는 모두 부토였다. 스님은 기초공사를 하기 위해 통영의 건설회사는 다 가서 부탁을 하였는데 모두 못한다고 거절하였다. 창원, 마산, 부산으로 가서 아래로 15미터까지 부토라고 하니 역시 못한다고 하였다. 스님은 서울로 갔다. 서울에 도착해서 제일 큰 회사인 삼성건설로 갔는데 쾌히 승낙했다. 땅 파는 큰 장비와 기계를 모두 싣고 섬에 들어와서 약 6개월간 기둥 하나 밑에 시멘트 기둥 세 개씩을 박아 기초를 완성하고 건축 공사를 시작한 지 약 2년 만에 완공하게 되었다. 큰 원력이 없었더라면 고산 스님도 중간에 포기하고 말았을 것이다.

세상일은 시작이 반이라고 한다. 시작하면 어떻게든 되기 마련이다. 남해 관망처에 관세음보살 진신 주처가 있으니 그곳이 바로 보덕암이다. 누구든지 하룻밤만 지극정성 기도하면 한 가지 원은 다 성취하는데 중생이 욕심이 많아서 한 가지 원만 발하지 않고 여러 가지 원이 함께 성취되기를 바라니 성취가 안 되는 것이다.

모두 보덕암에 가서 3일 기도해서 원하는 바를 성취하고 행복한 생활 하다가 성불하시기 바랍니다.

부

록

보통 사람이 무심코 하는 말도
종자가 된다

옛날 어느 폭포 밑에 동굴이 있었는데 여기에 큰 구렁이가 한 마리 있어, 용이 되고자 수백 년 도를 닦아 어떤 사람이든지 '용님 봐라!' 한마디만 해 주면 용이 되어 득천하겠는데 온 세상 전역을 살펴보아도 그 말을 해 줄 사람이 없었다. 다시 굴속으로 들어가기 위해 동굴로 가는 중에 동굴 앞 산 입구에서 나무하고 있는 더벅머리 총각을 만나 노인으로 변신한 구렁이가 말했다.

"내일 아침 먼동이 틀 때 이 옆 폭포 앞에 섰다가 저 폭포 밑 동굴에서 회오리바람을 내어뿜고 큰 구렁이가 활개치고 나오거든 겁내지 말고 큰 소리로 '저 용님 봐라!' 세 번만 소리치면 내가 여의주를 떨어뜨리고 갈 것인데, 당신은 그 여의주로 일생을 잘 먹고 잘 살게 될 터이니 꼭 그리 좀 해 주시오."

나무꾼 총각은 "그야 뭐 어렵습니까? 그렇게 해 드리겠습니다."라고 했다.

노인으로 변신한 구렁이는 이 총각을 철석같이 믿고 동굴로 들어갔다. 다음 날 새벽이 되어 나무꾼 총각은 새벽 일찍부터 폭포 앞에서 기다리고 있었다. 먼동이 트기 시작해서 동쪽에서 해가 솟아오르려고 할 무렵 갑자기 폭포 밑 동굴에서 회오리바람이 쏟아져 나오더니 집동만 한 구렁이가 활개치고 나오는데 얼마나 무섭든지 총각은 자기도 모르게 "저 구렁이 봐라! 사람 살려." 하고 소리를 질렀다.

'용님 봐라!' 한마디만 했으면 구렁이는 용이 되어 득천하고 나무꾼은 여의주를 얻어서 한평생 행복하게 살게 될 것인데 자기도 모르게 딴소리를 하니, 만사가 불성이라 화가 난 구렁이가 꼬리로 이 총각 목을 쳐서 즉사시키고 동굴로 들어가서 다시 도를 닦게 되었다는 것이다.

보통 사람도 입 밖으로 말 한마디 하게 되면 그것이 종자가 되어 싹이 터서 결과를 가져온다는 부처님의 말씀이다.

스님으로서 무심히 말한 것이
결정코 결실을 가져오다

고산 스님이 자비회 법회를 하기 위해 하루는 혜원정사 방장실에 있는데 부산 온천동에 사는 정무이심 보살이 고등학생인 막내딸을 데리고 왔다.

보살과 이야기하고 있는데 보살의 딸이 얼마나 산만하던지 잠깐도 가만히 앉아 있지 못하고 경장을 뒤지다가 "이것은 어디에 쓰는 것이며, 이름이 무엇이며, 뭐하는 겁니까?" 하면서 묻는 등 정신이 없었다. 그래서 스님이 무심코 한마디 했다. "너 그렇게 산만한 것 보니 시집가기 틀렸다."

이 일이 있은 뒤로 무이심 보살은 보이지 않았다. 스님은 외국으로 이민을 간 줄 알았는데 10년이 지난 어느 날 무이심 보살이 절에 온 것이다. 스님이 첫마디에 "어디 외국으로 이민이라도 갔다 왔습니까?" 했더니 "아니요. 영천으로 이사를 갔습니다. 그런데 오늘은 스님에게 물어볼 것이 있어서 왔습니다."라고 했다.

스님이 "무엇인데요?" 했더니 "10년 전에 제가 막내딸을 데리고 왔을 때 스님께서 제 딸이 하도 설치니 '너 시집가기 틀렸다.' 하셨는데 내 딸이 아직도 시집을 못 가고 있습니다. 그래서 진짜 내 딸이 시집 못 갈 팔자인지 그것을 물어보려고 오늘 큰마음 먹고 찾아왔습니다."라고 하는 것이 아닌가.

스님이 "중매 안 했습니까?" 물으니 "70군데도 넘게 맞선을 봤는데 이쪽에서 좋다 하면 저쪽에서 싫다 하고 저쪽에서 좋다 하면 이쪽에서 싫다 하며 도저히 혼사가 이루어지지 않으니 어찌된 일인지 알 수가 없어서 오늘은 이렇게 물으러 왔습니다."라고 하였다.

스님은 번쩍 지나가는 기억으로 10년 전에 한 말이 걸렸다. 부처님 말씀에 입 밖으로 한마디 던지면 그것이 종자가 되어 결정코 그와 같이 된다고 하셨으니 스님이 한 말이 걸렸던 것이다. 그래서 무이심 보살에게 물었다.

"딸은 지금 무슨 일을 하고 있습니까?"

"집에서 놀고 있습니다."

"오늘 당장 좀 데려올 수 있습니까?"

"네. 전화해서 오라고 하겠습니다."

그러고는 그날 오후 늦게 딸을 데리고 왔다.

자세히 보니 인물도 예쁘고 어릴 때와 달리 의젓한 숙녀가 되어 있었다. 아무리 봐도 시집 못 갈 상이 아니었고 단지 스님이 한 말이 걸렸다. 그래서 "너 이제 의젓한 것 보니 석 달 안에 시집가겠다."라고 했다. 그러고는 한참 이야기 하다가 "너 석 달 안에 시집가겠다." 하고, 또 다른 이야기 하다가 "너 이제 석 달 안에 시집가겠다."라고 했다.

스님은 이렇게 세 번을 강조하고는 "보살! 이제 걱정하지 마세요. 서너 달 안에 시집갈 터이니 염려 말고 돌아가세요." 라고 했다.

그 후 두 달 만에 좋은 혼처가 나타났다며 전화가 왔다. 스님이 생월생시를 맞춰 보니 별다른 흠이 없었다. 보살의 막내 딸은 결혼해서 1남 1녀 낳고 행복하게 잘살고 있다고 한다.

울릉도 찬탄 시 鬱陵島 讚歎 詩

고산杲山 作

1

偶然踏着海中島하니   **其名是爲鬱陵島**라
우 연 답 착 해 중 도   기 명 시 위 울 릉 도

山色水流依舊然한대   **庶民家屋完然異**로다
산 색 수 류 의 구 연   서 민 가 옥 완 연 이

우연히 바다 가운데 섬에 밟아 이르니

그 이름이 바로 이 울릉도러라

산빛과 흐르는 물은 십 년 전 그대로인데

서민들이 사는 집들은 완전히 신도시가 되었구나.

2

天下絶景鬱陵島는　　　非人間之別天地라
천 하 절 경 울 릉 도　　　　비 인 간 지 별 천 지

自古以來仙人住요　　　各谷水流清淨水라
자 고 이 래 선 인 주　　　　각 곡 수 류 청 정 수

천하절경 울릉도는

인간세상이 아닌 별천지로다

옛적부터 옴으로 신선들이 머무는 곳이요

골짝마다 흐르는 물은 청정한 물이로다.

3

一峯連岳六百峯_에　　古來仙人眞住處_라
일 봉 연 악 육 백 봉　　　　고 래 선 인 진 주 처

似夢似生未分中_에　　開眼卽時仙境中_{이로다}
사 몽 사 생 미 분 중　　　　개 안 즉 시 선 경 중

성인봉에 연이은 매뿌리 육백봉에

옛적부터 신선들이 참으로 머문 곳이라

꿈인 듯 생시인 듯 분간하지 못한 가운데

눈을 활짝 뜨니 바로이 신선들의 경계로다.

4

五無五多此孤島는　　百劫千生難遭遇라
오 무 오 다 차 고 도　　백 겁 천 생 난 조 우

我於奈何此處住오　　非前有緣難得見이로다
아 어 내 하 차 처 주　　비 전 유 연 난 득 견

다섯 가지 없고 다섯 가지 많은 이 섬은

백겁천생에 만나 보기 어려운지라

내가 어찌하다가 이곳에 머물게 되었는고

전생 인연이 아니면 얻어 보기 어렵도다.

5

我 於 此 處 安 住 休하니　　繁 多 想 念 皆 消 滅이로다
아 어 차 처 안 주 휴　　　　번 다 상 념 개 소 멸

日 往 月 來 年 自 深하니　　我 之 人 生 幻 夢 中이로다
일 왕 월 래 연 자 심　　　　아 지 인 생 환 몽 중

내가 이곳에 편안히 머물러 쉬게 되었으니

번다한 생각이 다 소멸되었도다

날이 가고 달이 옴에 해가 스스로 깊어졌으니

나의 인생도 환과 꿈의 속이로다.

6

四仙四皓住處外에　　別有仙境唯一處하니
사 선 사 호 주 처 외　　별 유 선 경 유 일 처

其名眞是鬱陵島라　　仙人急過是好境이로다
기 명 진 시 울 릉 도　　선 인 급 과 시 호 경

사선사호가 머무는 곳 밖에

따로 신선의 경계가 오직 한 곳이 있으니

그 이름이 바로 울릉도라

신선들이 급히 가느라 이 좋은 경계를 지나쳤도다.

7

唯告娑婆諸人類하노니　一見此島絶景後에
유 고 사 바 제 인 류　　　일 견 차 도 절 경 후

世界觀覽多諸國하라　卽時感歎我國島하리라
세 계 관 람 다 제 국　　즉 시 감 탄 아 국 도

오직 사바세계 모든 인류에게 이르노니

한번 이 섬의 절경을 본 뒤에

세계의 여러 나라를 관람하라

곧 때에 내 나라의 울릉도를 감탄하리라.

• 울릉도 오다 오무五多五無

오다[五多]는 바람 많고[風多] 돌 많고[石多] 물 많고[水多] 여자 많고[女多] 향나무 많고[香木多]

오무[五無]는 거지 없고[無乞人] 도적 없고[無盜賊] 홀아비 없고[無獨夫] 뱀 없고[無蛇] 공해 없다[無公害].

• 네 신선이 머무는 곳[四仙住處]

중국 곤륜산[中國 崑崙山], 우리나라 봉래산[我國 蓬萊山, 金剛山], 방장산[方丈山, 智異山], 영주산[瀛洲山, 漢羅山]

고산杲山 스님은

1933년 경남 울주에서 태어났다.
1945년 입산해 1948년 동산 스님을 은사로 사미계를,
1956년 동산 스님을 은사로 비구계를 받았다.
이후 강원에서 줄곧 삼장三藏을 연구하다
고봉 선사로부터 선교일여도리禪教—如道理를 배웠고
석암 율사로부터 전계를 받았다.
그 후 제방에서 학인을 가르치면서
선을 이해하고 포교에 전념하였다.
조계사, 은해사, 쌍계사 주지를 역임했으며
1998년에는 조계종 총무원장을 역임했고
2008년에는 조계종 전계대화상으로 추대되었다.
2021년 쌍계총림 쌍계사 방장으로 재임 중 입적하셨다.
저서로는『우리말 불자수지독송경』,『반야심경 강의』,『대승기신론 강의』,
『사람이 사람에게 가는 길』,『지옥에서 극락까지』,『머무는 곳 없이』,
『나뭇가지가 바람을 따르듯이』,『다도의범』,『지리산의 무쇠소』와
노래 시집『마음이 곧 부처다』등이 있다.

고산 큰스님의
관세음보살 영험록

소원을 이루는 법

| 초판 1쇄 발행_ 2016년 1월 18일
| 초판 5쇄 발행_ 2023년 9월 15일

| 지은이_ 고산
| 펴낸이_ 오세룡
| 편집_ 손미숙 박성화 윤예지 여수령 허 승 정연주
| 기획_ 곽은영 최윤정
| 디자인_ 고혜정 김효선 최지혜 박소영
| 홍보 마케팅_ 정성진
| 펴낸곳_ 담앤북스
　　　　서울특별시 종로구 새문안로3길 23 경희궁의 아침 4단지 805호
　　　　전화 02)765-1251(영업부) 02)765-1250(편집부)
　　　　전송 02)764-1251 전자우편 dhamenbooks@naver.com
| ISBN　978-89-98946-81-4　(03220)

정가 10,000원